Sciaridae

Gedichte und Kurzgeschichten

Autor: Markus Nick-Conradt

Bibliografische Information der Deutschen Nationalbibliothek:
Die Deutsche Nationalbibliothek verzeichnet diese Publikation in der Deutschen Nationalbibliografie; detaillierte bibliografische Daten sind im Internet über http://dnb.dnb.de abrufbar.

© 2016 Markus Nick-Conradt

Illustration: Markus Nick-Conradt

Herstellung und Verlag: BoD – Books on Demand, Norderstedt

ISBN: 978-3-7431-9426-7

Inhaltsverzeichnis

Gedichte und Kurzgeschichten............. 3
Inhaltsverzeichnis................................... 5
   Fünf Sinne 7
   Freundschaft 8
   Spiel mit mir................................... 9
   Der Dämon 10
   Marathon 12
   Eine Frage an das Leben 13
   Kabarett 14
   Moral 17
   Diagnose - Kampf 19
   Der Weg ist das Ziel.................... 22
   Regen.. 24
   Die Falle 26
   Das Leben..................................... 31
   Tausend Worte 32
   Geh nicht ins Meer 33
   Kein Kamasutra............................ 35
   Bis die Vögel singen 39
   Bis das der Tod............................ 41
   Neue Ufer 42
   Keine Zweite Chance 48
   Nicht alleine 50
   Der Idiot 51
   Das Glück ruft 52
   Was gibst du mir 56
   Unzutreffend zutreffend 57
   Der Schlaf der Gerechten 58

Und noch einmal 63
Meine Medizin 64
Unbenutzt und abgestellt 65
Armes Kind 66
Ode an den Mann 67
Wieso Religion? 69
Tagebuch 70
Sciaridae – Begriffserklärung 71

Fünf Sinne

Hörst du den Wind?
Siehst du die Sonne?
Spürst du den Regen?
Riechst du die Blumen?
Schmeckst du das Salz deiner Tränen?

Dann lebst du!

Freundschaft

Freundschaft, eine Bürde die
Verpflichtet.
Die Notwendige Hingabe des
Seins.
Aufopferung; geben; einsetzen;
ist es das wert? Ja!

Freundschaft, die Frohlockung
der Gemeinschaft.
Die Notwendige Ausbeutung
des Seins.
Verlangen; nehmen; fordern;
ist es das wert? Ja!

Spiel mit mir

Du spielst mit mir.
Kein schönes Spiel.
Eher wie eine Katze, die mit
Ihrer Beute spielt.
Du gibst mir einen Kuss. Nur,
um mir gleich darauf das Herz
zu brechen.
Du schenkst mir einen
wunderschönen Augenblick, im
Tausch für ein paar leidvolle
Stunden.
Und doch bin ich bereit dieses
Spiel mit dir zu spielen.
Denn für diese kurzen
Augenblicke nehme ich alles
Leid der Welt auf mich.
Für Dich…

Der Dämon

Die ungeöffnete Flasche Bier stand immer noch vor ihm auf dem Tisch. Seine Gedanken drehten sich immer noch um das eine. Das einzige was man vernahm, war Johnnys Stimme.

„What have I become. My sweetest friend. Everyone I know goes away. In the end…"

Sein Entschluss war gefasst. Er hob seine Hand hoch zu seinem Kopf und hörte das klicken, das entsteht wenn man den Hahn an einem Revolver zurücklegt.

Plötzlich war sein Kopf voller Gedanken. Wie schön war es damals? Wie lang ist es her?

Doch es gewährte nicht allzu lange.

Der Dämon nahm ihn in seinen Besitz.
Der Dämon war es, der ihm den Kopf verdrehte, ihn wie einen Jüngling lüstern ließ.
Der Dämon war es, der ihn sein Sperma zwischen den Schenkeln der Frau entweichen ließ.
Der Dämon war es der sein Leben zerstörte.
Der Dämon war es auch der ihn zu seinem Handeln trieb.
Der Dämon…
BÄNG!
Blut und Reste seines Hirns spritzten an die Wand hinter ihm. Seine Hand fiel zu Boden und der Revolver direkt neben die Beine der zweiten Leiche die in diesem Raum lag.
Es war eine Frau…

Marathon

Du nennst das hier Dreck
Ich nenn das mein Zuhause
Du sagst ich bin faul
Ich sag das ist ne Pause

Du nennst das hier Freizeit
Ich nenn das meinen Job
Du sagst das ist ein Hit
Ich sag das ist ein Flop

Du nennst das viel zu wenig
Ich nenn das viel zu viel
Du sagst du musst nach Köln
Ich sag ich muss nach Kiel

Und wir laufen um die Wette,
einmal um die ganze Welt
Immer einen Schritt nach vorne
denn jeder Meter zählt

Eine Frage an das Leben

Soll das alles sein?

Kabarett

Die grellen Scheinwerfer blendeten ihn. Das Publikum eskalierte eine Welle des Applauses. Er hatte es geschafft. Unter stetigem verbeugen verließ er langsam die Bühne.
Hinter dem Vorhang hörte er immer noch die Jubelschreie des hocherfreuten Mobs. Zugabe-Rufe ließen ihn Innehalten.

Sollte er zurückgehen und der Menge bieten wonach sie sich sehnte?

Unschlüssig stand er nun dort. Schließlich konnte er alles, was er bis hierher für heute geboten hatte, mit einer schlechten Zugabe zerstören. Morgen

würden Liebeserklärungen an Ihn in allen Zeitungen erscheinen.
Nein, eine Zugabe durfte es nicht geben. Schnell in die Singularität der Umkleidekabine verschwinden. Der nächste Auftritt würde seinen heutigen Durchbruch untermauern.

Hinter der Kulisse vorbei, war der schnellste Weg. Er setzte einen Fuß vor den anderen und schlängelte sich am Bühnenaufbau vorbei. Plötzlich bemerkte er ein kurzes Rucken an seinem linken Fuß. Er blickte zu Boden und erkannte noch das Seil, das er in seiner Unachtsamkeit mitgerissen hatte.

Dann spürte er noch den Schlag auf seinem Hinterkopf,

bevor das helle Licht ihn zu einem Spaziergang einlud.
Das Blut, das aus seinem geplatzten Hinterkopf strömte, lief unter der Kulisse auf die Bühne.
Doch niemand nahm dies heute noch war.

Moral

Die sieben kleinen Geißlein
Und der böse, böse Wolf
Die Prinzessin auf der Erbse
Und König Drosselbart

Das tapfere kleine
Schneiderlein
Schlägt sieben auf einen
Streich
Und die alte Hexe
sitzt im Pfefferkuchenhaus

Und die Moral von der
Geschichte
Erkennst du leider nicht
Und die Moral von der
Geschichte
Du siehst kein Licht

Die Geschichten meiner
Kindheit
Sagen dir nichts mehr
Die Geschichten meiner
Kindheit
Es zu sehen fällt mir so schwer

Diagnose - Kampf

Diagnose - Krebs.

Alles andere was der Arzt ihm sagte, ging in dem Wirbelsturm unter, der durch seinen Kopf stürmte. Er sah sein kurzes Leben am Ende.
Warum er?
Waren da nicht viele andere, die es eher verdient hätten.

Nach einigen Minuten der Leere, verabschiedete er sich von seinem Arzt und ging zur nächsten Bushaltestelle ein paar Straßen weiter. In seinem Kopf schwirrte nur der Dämon der Krankheit. Er musste nicht lange auf den nächsten Bus warten und so stieg er ein, setzte sich direkt neben einem alten Mann, von dem ein

penetranter Geruch nach Alkohol und Urin ausging. Doch auch das machte ihm nichts aus. Er nahm es eigentlich gar nicht wahr.
Vorbei ging es am großen Einkaufszentrum und am Stadion der Fußballmannschaft, für die sein Herz doch so schlägt.

Das Ende, vollkommene Resignation. Jeglicher Lebenswille war gebrochen. Tief in Gedanken versunken verpasste er beinahe seine Haltestelle. Er musste nach Hause. Sollte er seiner Frau davon erzählen, oder doch lieber alles verschweigen und sich still und heimlich verabschieden. Sein kleiner Sohn, der noch nicht laufen und sprechen konnte würde ihn niemals richtig kennen lernen.

Der Gedanke brannte sich in sein Herz.

Zuhause angekommen ging er in die Wohnung und nahm seinen kleinen Stammhalter in den Arm. Dieser schaute ihm tief in die Augen.
„Papa", ertönte es da aus dem kleinen Mund.

Plötzlich war alles dunkel aus seinem Kopf vertrieben.
„Ich darf mich nicht aufgeben. Ich will dieses Leben aufwachsen sehen. Ihm alles geben, was ein Vater zu geben möglich ist."

Er stand auf, ging zu seiner Frau und erzählte ihr von dem furchtbaren Befund des Arztes. Aber er wusste nun, dass er das Übel besiegen würde. Der Kampf hatte begonnen.

Der Weg ist das Ziel
(für Mads Werner + Christina)

Du hörtest meine Stimme -
obwohl ich nur geflüstert habe
Deine Tränen auf dem weg
zum Boden - schwarze Flecken
im Gesicht

Und den schmutz von hundert
Jahren - spült ein bisschen
Regen weg
doch den Dreck der letzten
Tage - den wird man noch in
Wochen sehen

ohne Angst sind wir zusammen
- durch den großen See
geschwommen
selbst einmal um die ganze
Erde – würden wir zusammen
gehen

Wir beide haben es geschafft
und dem Winter stets getrotzt
Jetzt können wir die Ernte
sehen, das haben wir doch so
gewollt

Und das Übel wird vergessen
sein
Hast du dich erst aufgerafft
Und im Licht der schönen
Sonne
Was ein *„**Ich Liebe Dich**"* doch
alles schafft

Regen

Da ist noch eine Sache die ich vergaß.

Es war ein damals
Ich stand im Regen
Und die Tropfen trafen mich
Und doch war mir alles egal

Und da sprach der Regen zu mir
Wachse, wachse über dich hinaus
Wachse nur nicht über die Wolken
Denn dort kann es nicht mehr regnen

Und ich wuchs über die Wolken
hinaus
Immer höher, fast bis zu den
Sternen
Und der Regen blieb aus
Wie er es gesagt hatte

Und so schrumpfte ich wieder
Ich landete im Staub
Und da sprach der Regen zu
mir
Wachse, wachse über dich
hinaus

Die Falle

Chris saß in dieser Spelunke nun schon seit mindestens zwei Stunden. Der Wirt brachte ihm ein neues Getränk. Einen doppelten Whiskey on the rocks. Sein Blick glitt immer wieder durch den Raum zu dieser Frau. Lange braune Haare und einen Hauch von Unnahbarkeit. Ihre langen Beine, die in ihrem Mini fast komplett zu sehen waren faszinierten ihn. Doch sie schien ihn nicht zu bemerken. Solch eine Frau spricht man auch nicht an.

Er nahm seinen Whiskey und leerte die Hälfte davon in einen Zug. Der Alkohol begann langsam zu wirken und er vergaß den Stress den er vor

einigen Stunden noch mit seinem Verleger hatte.
Er steckte sich eine Zigarette an.

Plötzlich bemerkte er eine sanfte Berührung an seiner Schulter. Die Frau stand hinter ihm, ihr Gesicht nah an seinem und flüsterte ihm etwas ins Ohr.

Ihr Name war Nadja.

Ein kurzer Blick zum Wirt, der darauf hin zu lächeln begann und einen Schlüssel auf den Tresen legte. Nadja nahm ihn und forderte Chris auf ihr zu folgen. Sie näherten sich einer Tür im hinteren Bereich der Bar.
Langsam öffnete Sie die Tür und ließ Chris eintreten.
Langsamen Schrittes betrat er den Raum. Er war verblüfft

über die Einrichtung. Ein verzierter Schreibtisch stand im hinteren Bereich und an den Wänden waren Regale mit Büchern, Wein und anderen diversen Dingen.

Kaum hatte er sich umgesehen stand Nadja auch schon vor ihm. Ihre Hände umschlungen seinen Körper und ihre Lippen küssten in begierig. Chris stand wie angewurzelt da und wusste nicht wie ihm geschieht.
Nadja sank auf ihre Knie und öffnete seine Hose. Zitternd blickte er an sich hinab. Ihr Mund umschloss sein Genital und ihm schoss das Adrenalin durch die Adern. Seine Hände legten sich um Ihren Kopf und begleiteten das rhythmische hin und her. Voller Ekstase bemerkte er nicht, dass sich die Tür hinter ihm öffnete. Der Wirt

trat ein und näherte sich ihm leisen Schrittes.

In seiner Hand glänzte die Klinge seines Messers.
Nadja beschleunigte ihr Spiel. Gleichzeitig mit Chris' Höhepunkt stieß der Wirt ihm das Messer von hinten in den Hals. Die Klinge war so lang, dass ihre Spitze am Adamsapfel wieder hervortrat.

Blut spritze in Nadjas Gesicht und vermischte sich mit dem Sperma. Voller Ekstase leckte Sie sich beides von den Lippen. Chris brach wortlos zusammen.

Die beiden anderen schauten sich triumphierend an und schleiften den leblosen Körper zu einer Klappe im Boden. Der Wirt öffnete den Deckel und Nadja stieg hinein. Sie hoben den blutüberströmten Körper durch die Luke hinein in den Keller. In diesem Raum befanden sich mehrere Tische, auf denen bizarre Apparaturen standen. Alles war durch und durch mit Blut getränkt. Auf einem Haufen lagen viele Teile von menschlichen Körpern.

Das Leben

Das Leben ist gewaltig
Ein ganzer Kosmos erfüllt von
Gefühlen
Liebe, Schmerz, Hass und Gier
Wohlwollende Herzen in
verkümmerten Seelen
Das Leben ist gewaltig

Zu viele Fragen über das
Leben
Wo geht es hin, wo komm ich
her

Du hast nur diese eine Chance,
willst du das nicht kapieren
Du kannst alles gewinnen oder
eben auch alles verlieren

Tausend Worte

(für Ziegenarsch Piet)

Tausend Worte reichen nicht aus, um dir zu sagen wie sehr ich dich liebe.

Geh nicht ins Meer

Vor dir liegt das Meer,
schau dich bloß nicht um.
Der Trümmerhaufen hinter dir
ist nur noch eine Erinnerung.

Im Zwielicht schlenderst du
durch diese schöne Stadt.
Doch die Schönheit siehst du
nicht,
weil es keinen Sinn mehr hat.
Du bist in deinen Gedanken,
schon an einem anderen Ort.
Und der Schmerz treibt dich für
immer
von hier fort.

Kippen, Whiskey und die Musik
von Element of Crime.
Lässt dich früher, jetzt und
später
immer noch derselbe sein.
Deine Freundin ist die Flasche,
die in deinen Händen liegt.
Und das seit Stunden schon,
als ob der Wein niemals
versiegt.

Du spürst den Wind,
der stetig durch deine Haare
weht.
Du siehst die Eiche,
die dort an der Elbe steht.
Der Regen, der seit Stunden
schon
auf dich niederfällt.
Das alles und noch mehr,
ist was dich am leben hält.

Kein Kamasutra

Es klopfte an seiner Tür. Schlaftrunken öffnete er seine Augen und sah auf den Wecker neben seinem Bett. Es war 12:15 Uhr. Langsam erhob er sich und streifte sich seinen alten Bademantel über. Schwankend ging er zur Tür und schaute durch den Spion. Vor der Tür stand Betty. Tränenüberströmt klopfte Sie erneut.

„Ist ja schon gut!", sagte Bill als er die Tür öffnete.
„Was ist denn los?"
Laut aufschluchzend warf sich Betty in seine Arme. Dass Bill nach Alkohol und Schweiß stank, schien Sie gar nicht zu merken.

Nach einer kurzen Weile zog Bill Sie in seine Wohnung und schloss die Tür. Betty brauchte eine Weile um sich zu beruhigen und sprechen zu können.

„Er hat es wieder getan."

Bill wusste natürlich sofort was Charles, ihr treuloser Ehemann, wieder verbrochen hatte. Er schob Betty auf das Sofa und ging zum Sideboard. Auf diesem standen allerlei Flaschen hochprozentiger Getränke. Er nahm zwei Gläser und füllte diese mit weißem Rum. Er reichte Betty das eine, und nahm selbst einen tüchtigen Schluck aus dem anderen Glas.

„Du solltest ihn verlassen. Er wird es immer wieder tun."

Betty trank ihren Rum auf Ex.

„Er wird es nie wieder tun", war ihre kurze Antwort.

Erschrocken sah Bill zu ihr und sah den Rest Wut in ihren Augen.
„Was hast du getan?"
„Das was schon lange hätte getan werden sollen."

Bill merkte wie ihm die Knie weich wurden und er setzte sich Betty gegenüber in einen Sessel. Sein Blick fiel auf ihre makellosen Beine. Die Füße steckten in roten Pumps und am oberen Ende verschwanden Ihre Beine in einem kurzen roten Mini. Sie war trotz ihrer 45 Jahre immer noch sehr attraktiv. Er leerte sein Glas und ging erneut zum Sideboard um es wieder zu füllen. Betty reichte ihm ihres und er füllte auch das zweite Glas. Nun setzte er sich zu ihr auf das Sofa.

„Du hast ihn doch nicht etwa…!"
Doch Bettys Blick gab ihm schon eine Antwort. Bill lief zur Toilette und musste sich übergeben. Er konnte es nicht glauben, dass seine beste Freundin eine Mörderin sein sollte. Er kannte Betty doch schon so lange. Er wusch sich den Mund sauber und ging zurück ins Wohnzimmer.
Doch Betty war nicht mehr da. Er sollte Sie nie wieder sehen.

Bis die Vögel singen

Du stehst am Ende deiner
Reise
nach einem furchtbar langen
Weg
Dein Blick, er geht übers Meer

Es war schon immer hier
und wird auch immer hier
bleiben
aber bald, bist du nicht mehr

Du siehst dieses nette Mädel
Und vergessen ist der Frust
Dein Herz, es rutscht dir ins
Bein

Wirst du jetzt auf Sie zugehen
Oder läufst du lieber weg
Aber Sie, muss es doch endlich
sein

Und es ist nie zu spät
sich umzudrehen, oder einfach
nur weiter zu gehen,
es ist nie zu spät
sich zu entscheiden

Und du wartest noch…

…bald bist du tot!

Bis das der Tod

Zwischen uns liegt ein Ozean
voller Tränen.
Und ich kann nicht schwimmen.
Fliegen kann ich leider auch
nicht.
Und so bleibt nur die
Sehnsucht.
Die Sehnsucht, die das Atmen
erschwert.
Auf ewig getrennt, bis dass der
Tod uns vereint.
Zwischen uns liegt ein Ozean
voller Tränen.
Und ich kann nicht schwimmen.

Neue Ufer

Frank öffnete seine Augen.
Sein Kopf schmerzte und er
fühlte sich elendig. Er sah den
Schmutz der Straße auf der er
lag. Langsam versuchte er sich
zu erheben musste aber in
sitzender Haltung inne halten.
Er wischte sich den Schweiß
von der Stirn und musste zu
seinem Erschrecken feststellen,
dass es Blut war, das flüssig
seine Stirn herunter lief.
Erschöpft blickte er sich um.
„Wo bin ich hier nur?" ging es
ihm durch den Kopf.

Das letzte an das er sich
erinnern konnte war diese Frau.
Er hatte Sie in dieser Bar, in
der er nie zuvor gewesen ist,
angesprochen. Nach dem
siebten Bier fiel ihm so was

immer leicht. Ansonsten war er eher ein schüchterner Typ.

Diese Frau sprang sofort auf seine Anmache an, und so verbrachten sie ein paar schöne Stunden mit noch mehr Alkohol in der Bar. Als die Sonne im Begriff stand die Nacht zu besiegen, fragte ihn Julia, denn so hieß der heiße Feger, ob er nicht mit zu ihr wollte. Frank hatte so etwas zuletzt während seiner Studienzeit erlebt und bejahte sofort. War sein Leben in den letzten Jahren eher alles andere als spannend.

Als Journalist für eine kleine Lokalzeitung verdiente man gerade genug Geld zum Leben, musste sich aber auch mit Geschichten abgeben, die etwa so spannend waren, wie

Angeln in der nächsten Pfütze. So verbrachte er mehr Zeit damit, seinen nächsten Rausch zu planen als auf dem Schützenfest im Nachbarort zu recherchieren.

Und dann kam diese Frau. Sie gingen gemeinsam zu Ihrer Wohnung, die vielleicht zwei Kilometer von der Bar entfernt lag. Schon an der Haustür begannen beide damit, sich wild und innig zu küssen, und bereits im Hausflur hatte Frank sein Hemd verloren.
Und als sie Julias Wohnung betraten ging es auch schon zur Sache.

Julia kniete vor ihm und nahm seinen Penis tief in ihren Mund. Voller Ekstase schlang Frank seine Hände in Ihren Haarschopf und drückte Ihren

Kopf noch näher an sich heran. Der komplette Schafft seines Genitales war nun in Julias Hals verschwunden. Doch Sie ließ es ruhig gewähren, schien es sogar zu genießen. Kurz vor Franks Höhepunkt entließ Julia ihn aus Ihrer Fessel. Sie stand auf und schlang Ihre Beine um seine Hüfte. Frank drang tief in Ihre erregte Vagina ein. Beide ließen sich gehen, und bemerkten nicht, dass sich die Wohnungstür öffnete.

Frank bemerkte die beiden Männer erst, als sie in von Julia trennten und ihm mit einer Flasche auf dem Kopf trafen. Sofort sackte Frank zusammen und fiel zu Boden. Er spürte noch die ersten Tritte gegen seinen Kopf und Körper, bevor ihn eine erlösende Ohnmacht von seinen Schmerzen befreite.

Und so erwachte er schließlich auf der Straße.
Nach einigen Versuchen kam er auf die Beine und blickte sich um. Er lag keine zweihundert Meter von der Bar entfernt. Er schüttelte sich den Dreck aus seinem Anzug und wischte sich mit einem Taschentuch das Blut aus dem Gesicht.

„Ach, was soll's!", dachte er sich und ging wieder in die Bar. Er bestellte sich ein Bier und ein Päckchen Zigaretten. Nachdem er beides vom Wirt bekommen hatte, steckte er sich eine Zigarette an und nahm einen tiefen Schluck aus seinem Glas.

Niemand hier schien sein Aussehen aufzufallen. Hatte er doch gerade das aufregendste

Abenteuer seines Lebens erlebt.
Er beschloss, von nun an öfter diese Bar zu besuchen.

Keine Zweite Chance

Was hast du mir zu sagen
Hast du Frühstück schon gemacht
Worin liegt der Unterschied
Zwischen holen und gebracht
Warum ist es denn so kalt hier
Komm stell die Heizung doch mal an
Und vor dem Fenster steht ne Nutte
Die lässt für Kohle jeden ran

Wie ein Computer programmiert
Und das Bett noch nicht gemacht
Das Spiegelei ist fertig
Du hast mich wieder ausgelacht
Kartoffeln oder Nudeln
In der Küche ist kein Platz

Auf dem Dach sitzt keine
Taube
Und in der Hand da sitzt kein
Spatz

Keine Zweiten Chancen, für
dich oder für mich
Hol mal Zigaretten, Geld liegt
auf dem Tisch
Warum nimmst du immer nur,
hast du nichts zu geben
Was stehst du noch hier rum,
wolltest du nicht leben

Nicht alleine

Einmal noch tief durchatmen.
Ein letzter Augenaufschlag
bevor das Beben losgeht.
An den Händen halten und
zusammenstehen.
Wie ein Fels in der Brandung,
wie D'Artagnan und die drei
Musketiere.
Nicht alleine, sondern
zusammen
Nicht verloren, sondern vereint

Der Idiot

Das Spiegelbild meines Lebens
zeigt mir einen Idioten.

Das Glück ruft

Alleine saß er in seiner kleinen Bude. Trotz der günstigen Miete und seines eigentlich guten Gehalts, konnte er sich die Wohnung kaum leisten. Seine Ex-Frau wollte immer mehr Geld von ihm. Unterhalt für die Kinder nannte Sie es. Und doch sollte er die Kinder am besten gar nicht sehen. Ja, sie aus seinem Leben verbannen. Hinzu kamen die anderen Schulden die sich in den letzten Monaten angesammelt hatten. Sein Geldhahn war bereits vor Tagen versiegt.
Lediglich die Weinflaschen, die fast täglich den Weg aus dem Weinkeller seiner Eltern, in sein Wohnzimmer fanden, hielten ihn noch auf Kurs.

Und so saß er eines Tages wieder alleine vor einer Flasche Wein und hörte diesen leisen Ruf. Er blickte sich in seinem Zimmer um, konnte jedoch nicht feststellen, woher der Ruf kam. Er nahm die Flasche zur Hand und schenkte sich erneut ein.
Wieder hörte er diesen Ruf. Sehnsüchtig trank er sein Glas leer und ging zum Fenster. Er könnte den salzigen Geruch des Meerwassers in seiner Nase spüren.

Er ging in den Flur und zog sich seinen Mantel über. Mit schnellen Schritten verließ er seine Wohnung und ging in den Regen hinaus. Ob er nass wurde, war ihm egal, er hatte doch ein Ziel.

Bis zum Strand hatte ihn dieser immer wiederkehrende Ruf gelockt, und so stand er nun dort im Sand und blickte weit über das Meer hinaus. Der Regen hatte seinen Mantel mittlerweile durchnässt und ein steter Strom floss ihm von seinen Haaren durchs Gesicht.

Endlich setzte er einen Fuß vor den anderen und ging immer näher ans Wasser. Nach ein paar Metern berührten seine Füße bereits die Wassermassen und trotzdem hielt er nicht inne. Wieder ein paar Schritte weiter und der Meeresspiegel reichte ihm bereits bis zu den Knien. Die Kälte die von dem Wasser ausging, durchströmte seinen Körper und ließ ihn frösteln. Doch auch dieser Zustand konnte ihn nun nicht mehr aufhalten. Immer und immer wieder setzte er einen Fuß vor den anderen. Plötzlich gab es einen Ruck und sein Körper verschwand im Wasser. Er machte nicht einmal den Versuch zu schwimmen, sondern ließ sich einfach von der Strömung mitreißen. Das Wasser füllte seine Lungen. Endlich war er frei. Frei von allen Gedanken die doch in den letzten Wochen seine ständigen Begleiter waren.

Schweißgebadet erwachte er ihn seinem Bett.

Was gibst du mir

Tief unten in der Dunkelheit
Sternenhimmel über dir
Ein Gefühl des Bedrückens
Was gibst du mir

Ist hier jeder für sich allein
Oder gibt es schon ein wir
Ein Tropfen Wasser im Gesicht
Sag, was gibst du mir

Eine Berührung nur für mich
Im jetzt und hier
Eine große Portion Liebe
Das gibst du mir

Unzutreffend zutreffend

Halt mich fest
Während ich versuche mich
umzudrehen
Schieb mich zurück
Wenn ich nach vorne will
Gib mir einen Kuss
Wenn ich mit dir streite
Schrei mich an
Und ich bin still

Gib mir was zu essen
Wenn der Durst mich fast
verzerrt
Reich mir ein Glas Wasser
Wenn ich am ertrinken bin
Fahr mich doch nach Kiel
Wenn ich nach München will
Spürst du denn noch Liebe
Macht das alles noch Sinn

Ja!

Der Schlaf der Gerechten

Einen Augenaufschlag später stand sie im Treppenhaus. Die alten Glühbirnen flackerten in einem fast schon unheimlichen Rhythmus. Ihr Blick ging über die Schriftzüge und Graffitis die dort an den Wänden standen.

„Heiko + Melanie" stand dort in einem Herzen. Melanie war die kleine zierliche aus dem zweiten Stock. Ein Püppchen, wie Eva diesen Typ Frau immer nannte. Etwas weiter stand der Name einer erfolgreichen Hip-Hop-Band.

Evas Blick fiel auf den Briefkasten. Die Ecke eines Umschlags schaute noch aus dem Schlitz heraus. Sie öffnete den Briefkasten und nahm den

Umschlag heraus. Ihre Hände begannen zu zittern, als Sie sah, dass dort kein Absender oder Empfänger beschrieben stand. Langsam öffnete Eva den Umschlag und nahm das einzelne Blatt heraus.

„Heute, hier und jetzt!" stand dort in einer krickeligen Schrift geschrieben.

Zu spät erkannte sie den Schatten hinter sich. Ein Paar Arme ergriffen Sie und zerrten Sie unter die Treppe. Der Umschlag mit dem Brief fiel Eva aus der Hand.
Der Schatten drückte Eva zu Boden und riss ihr die Bluse vom Körper. Ihr blanker Busen kam zum Vorschein und der Fremde keuchte vor Erregung. Gegen den starken Griff konnte Eva sich nicht wehren und so

war sie nach einer weiteren Minute auch ihrer Hose beraubt.

Sie erkannte ein schmutziges Gesicht, unrasiert und die Zähne halb verrottet. Ihr wurde übel als sie den Atem des fremden roch. Er öffnete seine Hose und überließ seinem Genital alles Weitere.

Eva spürte den stechenden Schmerz als der Fremde in sie eindrang, und so ergab sie sich ihm, um alles nicht noch schlimmer zu machen. Fast ohnmächtig ertrug sie, dass hin und her der Stöße. Sie fühlte das Blut, das aus ihrer Vagina an den Oberschenkeln herunter lief. Plötzlich sah sie das Messer in der Hand des unbekannten blitzen. Der Rhythmus beschleunigte und sie merkte, dass er kurz vor dem Höhepunkt stand.

Der Fremde ergoss sich in Evas Weiblichkeit. Sie spürte wie das warme Sperma sie von innen füllte.
Gleichzeitig stieß ihr der Fremde das Messer in den Hals. Ihr eigenes Blut rann ihr über die Brust. Irgendwie fühlte es sich warm an. Schmerz spürte sie keinen.

Als der Fremde sie verließ schloss sie die Augen und schlief ein.

Der Schatten verließ im Rausch des Höhepunktes das Treppenhaus und flüchtete über das lange Feld, das zu den Bahnschienen führte.
Als er auf dem Feld war hörte er den Schrei. Er beschleunigte

seine Schritte und erreichte die Bahnschienen gerade in dem Moment als der letzte Zug für heute diesen Punkt passierte. Er erfasste den Fremden und schliff ihn mehrere hundert Meter weit mit. Sein Körper riss schon nach den ersten Metern auseinander und wurde regelrecht zerfetzt.

Im Rettungswagen öffnete Eva noch einmal kurz ihre Augen und sah in das lächeln des Sanitäters. Sie dachte an Engel.

Sie erwachte einen Tag später im Krankenhaus. Der Sanitäter war schon mehrfach da um sich nach ihrem Zustand zu erkundigen.

Und noch einmal

Du gabst mir eine zweite
Chance
Genutzt habe ich sie nicht
Und du gabst mir eine weitere
zweite Chance
Doch auch das war nicht genug

Ich frage mich:
Wie viele zweite Chancen
brauche ich noch
Vielleicht nur die eine
Vielleicht ein ganzes Leben

Meine Medizin

Ein gebrochenes Herz
keine Disziplin
Ein gebrochenes Herz
Meine Medizin

Keine dieser Pillen
kann mir in diesem Moment
helfen
Ein verlorenes Spiel in meinem
Leben

Verschwendete Zeit,
wieder mal verschenkte Müh
Ein verlorenes Spiel in meinem
Leben

Ein gebrochenes Herz
keine Disziplin
Ein gebrochenes Herz
Meine Medizin

Unbenutzt und abgestellt

Wie sieht er denn aus
Der Knopf wird angenäht
Das Hemd ist bald gebügelt
Ist das alles schon zu spät

Nur ein Wort, das er gehört
Zwischen Strasse und Verkehr
Das Gericht ist aufgetischt
Bereit, zum baldigen Verzehr

Eine Hand, die ihm die
Richtung weist
Die Reise ist noch nicht vorbei
Der Kompass zeigt nach
Norden
Der Weg, er steht ihm frei

Dunkel ziehen Wolken auf
verdrängen das Licht der Welt
Das Ende naht, er weiß es
auch
Unbenutzt und abgestellt

Armes Kind

Die Augen voller Tränen
Das Gesicht ist
schmerzverzehrt
Du ergötzt dich an ihren
Körpern
Befriedigst deine Triebe

Ein Leben schnell zerstört
Sagst du: „Ist doch halb so
schlimm!"
Ach, lass uns doch in Ruhe
Und schieß dir in den kopf

Ode an den Mann

Es tut mir Leid, dass ich den Ansprüchen nicht entsprechen kann. So geht es wohl schon mein ganzes Leben. Ich denke wohl zu viel an die anderen und verliere den Überblick über mich selbst. Bei dem Versuch es allen recht zu machen, gehen jegliche Energiereserven für den richtigen Weg verloren. Scheinbar muss es immer erst eskalieren, bevor mir die Augen aufgehen und ich begreif.

Ein schlechter Freund zu sein scheint mir da auch nicht zu reichen. Nein, ich setze anscheinend auch alles daran ein schlechter Vater zu sein. Vorbild? Ein automatischer Prozess während des Aufwachsens. Doch bei mir

eher eine Weitergabe
schlechter Eigenschaften.
Unbewusst gebe ich die
Missstände weiter, die bereits
seit Generationen meinen
Stammbaum beschmutzen.

Mir liegt die Vermutung nahe,
dass ich trotz aller
Verabscheuung der Gewalt und
des Streits, diesen doch immer
Suche.
Streitsüchtig?
Es läuft doch immer wieder
darauf hinaus. Also muss es
wohl doch an mir liegen.

Beim ersten Versuch hörte ich
den Ruf der See.
Noch ist alles still.
Noch…

Und ich will doch immer nur
euer bestes.

Wieso Religion?

Der Tag geht früh zu Ende
Und Hunger hast du nicht
Du schaust dich noch mal um
War da eben Licht?

Bitte nimm mich an die Hand
Die Erde ist von allen
Der Vogel ist schon
ausgeflogen
Ist der Leichnam schon
zerfallen?

Keine Angst und trotzdem
zittern
Im Fernsehen läuft doch eh nur
Schrott
Die Blätter fallen früher heute
Glaubst du noch an Gott?

Tagebuch

Liebes Tagebuch,

dies ist nun mein letzter
Eintrag.
Nicht weil es keine freien
Seiten mehr gibt.
Auch nicht weil es nichts mehr
zu erleben gibt.
Es geht auf die Reise.
Eine Reise, die jeder Antritt.
Mit unbestimmten Ziel.
Eine Reise die jeder für sich
allein bestreitet.

Ich werd dich vermissen

Sciaridae – Begriffserklärung

Die Sciaridae, auch Trauermücke genannt, gehört zur Familie der Zweiflügler und wird dort in die Unterordnung der Mücken gezählt. Ihren Namen verdankt sie Ihrer dunklen Körperfärbung und den dunklen Flügeln.
Name und Aussehen haben mich dazu inspiriert, mein Buch nach diesem Tier zu benennen.